여성의
권리 선언

여성의 권리 선언

페미니즘을 위한 역사적 명언들

올랭프 드 구주 지음
소슬기 옮김

차례

들어가며 • 6

1부

여성과 여성 시민의 권리 선언 • 15

2부

국제연합 여성 차별 철폐 선언 • 49

3부

짧은 말로 긴 울림을 주는
페미니즘 명언록 • 73

♀ 들어가며

올랭프 드 구주,
여성을 위한 혁명을 외친 페미니스트

마리 구주Marie Gouze는 1748년 파리에서 약 640km 정도 떨어진 남부 도시 몽토방Montauban에서 태어났다. 남편이 갑작스레 세상을 떠나면서 짧은 결혼생활에 종지부를 찍은 그녀는 1770년에 파리로 이사하여 상류사회의 삶을 살기 시작했고, 글을 쓰는 생활을 시작하면서 더 강한 인상을 주기 위해 올랭프 드 구주Olympe de Gouges로 개명했다. 처음에 그녀는 주로 프랑스 식민지의 노예들이 처한 열악한 상황에 관심이 있었다. 연극『자모르와 미르자Zamore et Mirza』를 비롯하여 몇 편의 책과 수필을 연달아 발표하면서 그녀는 해방의 결연한 지지자가 되었다.

많은 이들처럼 드 구주도 1789년에 일어난 프랑스 혁명과 그로 인한 기존 정치 권력 구조의 전복을 환영했다. 그러나 얼마 지나지 않아 그녀는 남성의 권리에 관한 혁명적 약속이 프랑스의 여성 시민에게도 동등한 자유와 권리를 보장해 주는 데까지는 미치지 않는다는 사실을 인지했다. 1789년에 공표된 '남성과 시민의 권리 선언'은 혁명의 중심이 되는 글이었는데, 드 구주는 여기에 대응하는 내용으로 이 책을 발표했고, 그녀의 이전 주장들과 같은 맥락에서 혁명적인 어조로 기존의 선언이 프랑스의 남성 시민만을 위한 것임을 지적했다.

또 진정한 혁명을 이룩하고 공평한 사회 질서를 세우기 위해서는, 국가가 여성에게도 권리가 있음을 인정하고, 여성도 목소리를 낼 수 있도록 허락하며, 가정의 불평등, 예컨대 부인이 재산을 소유할 수 없거나 미혼모가 부계 문제를 법에 호소할 수 없는 등의 문제를 해소해야만 한다고 주장했다.

그러한 주장의 대가는 가혹했다. 1793년 11월, 공포정치의 시대에 그녀는 파리에서 단두대의 이슬로 사라졌다. 자코뱅파들이 다수의 여성 정치 클럽들을 폐쇄했을 무렵이었다. 한 목격자는 그녀가 "침착하고 차분"했다고 했으며, "그런 용기와 아름다움은 유례없는 것"이었다고 평했다. 프랑스 국회는 이 책의 내용을 받아들이지 않았다. 국회의 무관심이 문제였다. 공교롭게도, 프랑스의 왕비 마리 앙투아네트도 불과 한 달 차이로 기요틴에서 처형되었다. 그 외에도 마담 뒤 바리Madame du Barry와 마담 롤랑Madame Roland 같은 선구적인 여성들이 같은 해에 희생되었다. 그러나 유럽 국가들에서는 20세기까지, 그리고 프랑스에서는 1944년까지 여성이 투표권을 얻지 못했다. 성 평등에 관한 그녀의 혁명적 요구가 이후 한 세기가 넘게 받아들여지지 않았던 것이다.

프랑스 혁명의 시기, 드 구주는 프랑스 혁명을 지지했으나 혁명이 내건 자유와 평등이 남성에게만 해당되는 것을 비판하며 글로써 자신의 견해를 피력했다. 그 결과 '성별에 적합한 덕성을 잃어버린 사람'으로 처벌받았던 것이다. 그녀는 "여성이 사형대에 오를 권리가 있다면 당연히 의정 연설 연단 위에 오를 권리도 있다"라는 명언을 남겼다.

이 선언문에서 그녀는 단호하면서 냉소적인 어조와 공격적인 자세로 말한다. '남성과 시민의 권리 선언'은 인간의 보편적 권리를 보장하는 증서가 될 예정이었으나 결국 그 반대가 되었다. 드 구주가 표현의 자유 중 가장 중시했던 것은 자유로운 발언이었다. 드 구주는 삶이 끝나기 전까지 이 권리를 끊임없이 행사했다.

드 구주는 프랑스의 '남성과 시민의 권리 선언'에서는 평등권을 언급만 할 뿐 실제로 보장할 의도가 없다고 주장했다. 평등권은 매우 넓은 범위에 적용되어야 한다. 인간의 자연권(미국 독립 선언문에서 등장하는 양도할 수 없는 권리와 유사한 개념)은 성적 불평등이 자연스러운 현상이라는 믿음과 정면으로 모순된다. 권리가 본질적으로 인간 고유의 속성이라면, 모든 인간은 성별과 인종에 상관없이 이런 권리를 마땅히 지니고 있어야 하기 때문이다.

드 구주는 장-자크 루소Jean-Jacques Rousseau의 전반적인 사상과 국가 교육이 사회를 어떻게 변화시킬 수 있는가에 대한 그의 생각에 동의했다. 더 나아가 성별과 관련해서는 루소보다 훨씬 더 깊은 통찰을 보여주었는데, 사회가 여성 교육에 실패하는 것만으로도 정부 부패가 발생할 수 있다고 주장했다. 드 구주가 주장했던 사회 계약은 루소의 사회계약론을 직접 인용한 것으로, 결혼을 하고 재산, 양육권, 그리고 상속권을 동등하게 나누는 사회가 조화롭다고 주장한다.

프랑스 혁명기에는 성적 불평등의 대표적 유형이 바로 결혼이었다. 드 구주는 자신의 사회계약론에서 결혼생활 동안 "신뢰와 사랑은 죽어 무덤에 묻히고," "폭정은 끊임없이 계속된다"라고 주장했다. 결혼생활의 불평등 속에서 여성은 믿음직스럽지 못하고 간교나 부리는 존재가 될 수밖에 없었다. 그녀는 여성이 교활하고 나약한 이유가 결혼생활에서 무력한 위치에 있기 때문이라고 지적했다. 세계적으로 유사한 주장과 운동이 일어나던 무렵이었다.

드 구주는 여성을 위한 사회적 교육 시스템의 결함에 맞서고자 했다. 이는 『여성의 권리 옹호 A Vindication of the Rights of Woman, 1792』를 쓴 메리 울스턴크래프트 Mary Wollstonecraft가 논했던 것과 유사하다. 여성 교육을 게을리하면 여성의 시야가 좁다는 이유로 여성에게 완전한 시민권을 부여하지 못한다는 논리가 반복되었기 때문이다. 하지만 두 사람은 여성의 "부패와 나약함"이 그러한 사회 문제의 주된 원인으로 규정했고 그 해결 방안 역시 거기서 출발해야 한다고 보았다.

1791년, 이 책은 프랑스 헌법 제정 직후에 집필이 시작되었는데, 여기서 평등한 참정권의 보장을 표방하는 프랑스 헌법이 여성의 참정권은 보장하고 있지 않다는 것에 대한 문제의식을 표출했다. 당시의 프랑스 헌법은 오직 남성들에게만 권리를 부여하고 있었다. 또한 결혼에 있어 법적 평등의 문제를 중시하지 않았다. 배우자로부터 폭력을 당한 여성이 이혼을 선택할 권리나 위자료 등의 재산권과 양육권에 대한 사항도 포함하고 있지 않았다.

이 책은 현실의 여성 불평등을 날카롭게 비판하면서, 왜 남자가 여자를 열등하고 하찮은 성sex으로 복속시켜 놓았는지에 대해 의문을 제기한다. 그 서두의 선언에는 이런 표현이 있다.

"남자들이여, 당신들은 고작 이것만으로 살 수가 있겠는가? 지금 이 헌법을 문제시하고 있는 인간의 성별은 여성이다. 당신들은 적어도, 여자에게서 그 목소리를 낼 권리를 빼앗지 말아야 할 것이다."

올랭프 드 구주는 당대의 여성 차별적 불의에 공개적으로 대항했다. 오늘날 그녀는 가장 영향력 있고 용감한 역사 속의 페미니스트 중 한 명으로 인정받고 있으며, 그녀의 선언은 지금까지도 그 타당성을 유지하고 있으며 여성의 권리 옹호에 힘을 보태고 있다. 수백만 명의 사람들 앞에서 두려움 없이 자신의 목소리를 냈고, 그랬기에 프랑스 혁명이 낳은 가장 비극적이고 위대한 여성 희생자 중 한 명으로 알려져 있기도 하다. 이 책은 1789년에 출판된 그녀의 가장 중요한 작품을 그대로 수록한 것으로 페미니즘 사상의 토대를 이루며 가치 있는 울림을 전하고 있다.

이 책은 크게 3부분으로 이루어져 있다. 1부에서는 올랭프 드 구주의 「여성과 여성 시민의 권리 선언」 전문을 수록했으며, 2부에는 여성 차별 문제만을 별도로 다룬 유엔 최초의 문서인 「국제연합 여성 차별 철폐 선언」을 실었다. 드 구주의 글에 이어 유엔의 선언문을 담은 이유는 그 내용이 드 구주의 정신과 주장을 계승하고 있다고 믿기 때문이다.

혁명의 시대, 스스로를 희생함으로써 여성의 마음을 대변한 드 구주의 유산인 유엔의 선언문은 현재 전 세계 수십억 여성의 삶에 영향을 주었다. 두 가지 선언문 모두 남성과 평등한 여성의 권리를 강조한 것인데, 18세기와 오늘날의 여성권 옹호 방식과 그 표현을 비교해볼 수 있을 것이다. 또 3부에는 페미니즘의 철학과 여성의 권리에 관한 시사점들을 짧지만 깊이 있게 묘사한 사상가들의 명문을 정리하여 여러 목적으로 페미니즘과 성평등을 논하고자 하는 독자들이 참고할 수 있도록 하였다.

1부

여성과 여성 시민의 권리 선언
Declaration of the Rights of Women and Female Citizens
-Olympe de Gouges-

여성의 권리

남성이여, 그대는 정의로울 수 있는가? 이 질문을 던지는 것은 여성이다. 그러니 적어도 질문할 권리만큼은 여성에게서 빼앗지 말아달라.

무엇이 그대에게 나의 성별을 억압할 절대 권력을 주었는지 말해보라. 그대의 힘인가? 그대의 재능인가? 창조주의 지혜를 관찰해보라. 그대는 자연과 조화롭게 지내길 바라는 듯하니 그 장엄한 자연을 샅샅이 살펴보라. 그리고 이런 폭압적인 제국의 사례를 찾는다면 나에게 이야기해달라. 다시 동물을 살펴보고, 원소를 찾아보고, 식물을 연구하고, 마침내 유기물로 이루어진 모든 것을 훑어보라. 내가 제시한 이런 방법에서 증거가 드러날 테니 인정하라. 할 수 있다면 자연의 행정부에서 성별을 탐색하고, 조사하고, 구별

해보라. 어느 곳에서나 두 성별은 뒤섞여있을 것이다. 이 불멸의 대작인 자연에서는 어디서나 두 성별이 하나로 단결하여 조화롭게 협동할 것이다.

오직 인간 남성만이 이런 원칙에 위배 되는 상황을 만들었다. 기괴하고, 눈이 멀고, 교만한 지식으로 가득 차고, 계몽과 지혜의 시대에 완전히 무지하게 퇴화한 남성들은 폭군이 되어, 지적 능력을 완전하게 갖춘 성별에 명령하고 싶어 한다. 남성은 혁명을 즐기고 평등권을 주장하는체하지만, 진심으로 평등권을 바라진 않는다.

전문

(이 글은 1791년 10월 28일에 입법 의회에 제출했으나 국민공회에서 거절당했다. 마리 앙투아네트(Marie Antoinette) 왕비에게 헌정하는 소책자인 『여성의 권리 선언』으로 출판되었다.)

어머니, 딸, 누이인 우리는 이 나라의 여성 대표로서 국민 의회의 일원이 되기를 요구한다. 그리고 여성의 권리에 대한 무지와 무관심과 경멸은 공공의 불행을 초래하고 정부의 부패를 유발하는 유일한 원흉이라고 생각하는바, 천부적이고, 양도할 수 없으며, 신성한 여성의 권리를 엄숙한 선언 속에서 제시하기로 결의했다. 이 선언은 모든 사회 구성원의 생각 속에 계속 남아서 그들이 자신의 권리와 의무를 끊임없이 상기하도록 할 것이며, 언제 어느 때나 여성의 정치적 행동과 남성의 정치적 행동을 모든 정치기관의 목적과 비교함으로써 이런 행동의 의지가 더 잘 실현되도록 할 것이며, 단순 명료한 원칙에 기초하게 될 시민의 요구가 늘 헌법과 올바른 윤리와 모두의 행복을 유지하는 방향으로 흐르도록 할 것이다.

따라서 아름다울 뿐 아니라 출산을 견디는 용기마저 지닌, 우월한 성별인 여성은 하느님께서 참관하는 가운데 그분의 후원 받아 다음과 같은 여성 및 여성 시민의 권리를 스스로 인정하고 선언한다.

1조

여성은 태어날 때부터 자유로우며 남성과 동등한 권리를 갖는다. 사회적 구분은 오직 공익적인 이유에서만 가능하다.

2조

모든 정치 결사의 목적은 여성과 남성의 천부적이고 소멸하지 않는 권리를 보존하기 위해서이다. 이 권리에는 자유권, 소유권, 안전권, 그리고 무엇보다도 억압에 저항할 권리가 있다.

3조

모든 주권 원칙은 근본적으로 모든 국민에서 나온 것이며, 국민이란 여성과 남성의 조합을 뜻한다. 그 어떤 단체나 개인도 국민에게서 나온 것이 명백하지 않은 권력을 행사해서는 안 된다.

4조

자유와 정의는 타인이 지니고 있어 마땅한 모든 것을 그 타인에게 돌려주기 위해 존재한다. 그러나 여성의 천부적인 권리에 대한 남성의 끊임없는 폭정만은 여성이 이 권리를 행사하지 못하도록 제한한다. 이런 제약은 자연과 이성의 법에 따라 개혁해야 한다.

5조

자연과 이성의 법은 사회를 해치는 모든 행위를 금지한다. 이 현명하고 신성한 법이 금지하지 않은 모든 일은 방해받아서는 안 되며, 누구도 이 법이 요구하지 않는 일을 억지로 강요당해서는 안 된다.

6조

법은 다양한 사람의 의지를 포함해야 한다. 여성 시민과 남성 시민 모두는 직접 또는 대표자를 통해 법 제정에 참여해야 한다. 법은 모두에게 같아야 한다. 여성 시민과 남성 시민은 법의 눈앞에서 동등하므로 모든 공적인 영광과 지위와 직무를 능력에 따라 동등하게 얻을 수 있어야 하며 덕목과 재능 외의 이유로 차별받아서는 안 된다.

7조

어떤 여성도 의무나 책임을 면제받을 수 없다. 여성은 법이 정한 바에 따라서 고소를 당하고, 체포가 되고, 구금이 된다. 여성은 남성과 마찬가지로 이 엄격한 법에 복종한다.

8조

법은 절대적으로 명백하게 필요한 때만 이런 형벌을 규정해야 하며, 범죄 발생 이전에 제정되고 시행되었으며 여성에게 합법적으로 적용되는 법에 따른 것이 아니라면 누구도 처벌을 받아서는 안 된다.

9조

어떤 여성이든 유죄임이 드러난 후에는 충분히 엄중하게 법의 적용을 받는다.

10조

얼마나 근본적인지와 상관없이 누구도 자신의 견해 때문에 괴롭힘을 당해서는 안 된다. 여성은 단두대에 오를 권리가 있으므로, 그녀의 행동이 법으로 정한 공공질서를 교란하지 않는 한 연단에 오를 권리 또한 동등하게 가져야 한다.

11조

생각과 의견을 자유롭게 소통할 자유는 여성의 가장 귀중한 권리 중 하나이다. 그 자유는 자녀가 아버지에게 인정받을 수 있도록 보장하기 때문이다.

따라서 모든 여성 시민은 '제가 당신의 아이를 가졌어요.'라고 자유롭게 말할 수 있어야 하며, 어떤 야만적인 편견도 그녀가 진실을 숨기도록 강요해서는 안 된다. 법이 정한 경우에는 이 자유의 남용에 따르는 책임을 져야 한다.

12조

여성과 여성 시민의 권리는 공공의 이익을 발생시키는 방향으로 보장해야 한다. 이와 같은 권리의 보장은 그것을 약속받는 사람들의 개인적인 혜택이 아니라 모두의 이익을 고려하여 도입해야 한다.

13조

공권력을 유지하고 행정 비용을 마련함에 있어 여성과 남성은 동등하게 기여한다. 여성은 모든 단순 노동과 고된 일을 함께 나눈다. 그러므로 지위, 고용, 직무, 명예, 책임을 분배할 때도 동등한 몫을 받아야 한다.

14조

여성과 남성 시민은 직접 또는 대표자를 통해서 조세의 필요성을 결정할 권리가 있다. 여성은 재산뿐 아니라 행정, 그리고 이러한 세금의 세율, 산정 토대, 징수 방식 및 기한의 결정 면에서 동등한 몫을 얻을 자격이 있는 경우에 한하여 여기에 동의해야 할 것이다.

15조

남성 집단에 합류하여 함께 세금을 낸 여성 집단은 모든 공직자에게 행정에 대한 설명을 요구할 권리가 있다.

16조

권리가 보장되지 않거나 권력이 분산되지 않은 사회에는 헌법이 없다. 국민 대다수가 참여하여 작성하지 않은 헌법은 무효하다.

17조

함께이든 헤어졌든 재산은 두 성별 모두에게 속한다. 각자의 재산권은 신성하고 침해할 수 없는 자연의 유산이므로, 공적인 필요가 있다고 법적으로 명백하게 결정되고 공정한 보상이 사전에 지급되는 경우가 아니라면 그 누구도 재산권을 박탈할 수 없다.

후문

여성이여, 깨어나라! 이성의 경종이 온 우주에 울려 퍼진다. 그대의 권리를 인정하라. 강력한 자연의 제국은 이제 편견과 맹신과 미신과 거짓말에 포위되어 있지 않다. 진실의 경종이 어리석게 권리를 침해하는 구름을 전부 흩트렸다. 노예가 된 남성은 힘을 키웠고 자신의 사슬을 끊기 위해 그대에게 도움을 청했다. 그러나 자유로워진 남성은 자신의 동반자를 불공정하게 대우했다.

오, 여성이여, 여성이여! 언제쯤 눈을 뜰 것인가? 혁명이 그대에게 어떤 혜택을 가져다주었나? 더 큰 멸시와 더 공공연한 경멸이 아닌가. 부패의 세기에 그대는 오직 남자의 나약함을 지배했을 뿐이다. 그대의 제국은 무너졌다. 지금 그대에게 무엇이 남았나? 남성의 불공정함에 대한 확신 아닌가. 그대의 유산은 자연의 현명한 법령을 토대로 하고 있으며, 그대는 그 유산을 되찾아야 한다. 이 원대한 일을 시도하는 데에 있어 무엇이 두려운가? 가나의 혼례에서 그리스도가 남긴 재치 있는 말인가? 우리 프랑스의 입법자가, 낡은 정치적 관습에 오랫동안 얽혀있던 도덕률을 수정하는 그가, 그대에게 이렇게 말할까 두려운가?

그가 '여성이여 우리 사이에 어떤 공통점이 있는가?' 하고 묻는다면 그대는 '모든 것'이라고 대답해야 한다. 만약 그들이 나약함에 사로잡혀 그들 자신의 원칙에조차 어긋나는 비논리적인 주장을 완강하게 고집한다면, 이 우월성에 관한 그들의 헛된 주장에 이성의 힘을 빌려 용감하게 반대하라. 철학의 깃발 아래 결집하라. 그대의 선천적인 힘을 모두 발휘한다면, 저 오만한 남성은 굽신거리며 흠모하는 태도로 그대의 발밑을 기는 것이 아니라, 지고한 존재의 보물을 그대와 자랑스레 나누는 모습을 보일 것이다. 그대의 앞에 놓인 장애물이 무엇이든, 그대에게는 그것을 극복할 힘이 있다. 그대에게 필요한 것은 오직 의지뿐이다.

이제 그대가 맡았던 사회적 역할이 얼마나 끔찍했는지 그 광경을 살펴보자. 그리고 현재 국가의 교육이 중요한 문제이므로 우리의 현명한 입법자가 여성의 교육에 관해 합리적으로 생각할 것인지 확인해보자.

여성은 선행보다 악행을 저질러왔다. 구속과 위선은 그녀들의 일이었다. 힘이 그녀들에게서 훔쳐간 것은 책략이 되돌려 주었다. 여성은 매력이라는 자원을 모두 이용했고, 아무리 뻣뻣한 남성이라도 그것에 저항하지 못했다. 여성은 독, 단검, 모든 것을 원하는 대로 사용할 수 있었고 선행을 베풀 듯 죄악을 휘둘렀다.

프랑스 정부는 수 세기 동안 여성의 베갯머리 송사에 따라 굴러갔다. 여성의 지각없는 행동은 내각의 비밀을 지켜주지 않았다. 대사관, 군사령관, 장관, 대통령, 교황, 추기경 등, 한마디로 남성의 어리석음이 낳은 신성하고 세속적인 모든 지위는 여성이 탐욕과 야심을 채우기에 만만한 대상이었고, 한때 경멸스러웠으나 존중받았던 여성은 혁명 이후로는 존중받을만하나 경멸당하고 있다. 이 기괴한 모순에 관해 내가 얼마나 큰 목소리로 이야기할 수 있겠는가? 비록 나에게는 이 찰나의 순간밖에 없지만, 이 시간은 모든 미래 세대의 이목을 사로잡을 것이다.

구체제 아래에서는 모든 것이 타락했고 모두가 유죄였다. 하지만 이 부도덕의 중심에서도 상황이 개선되는 것을 볼 수 있지 않을까? 한때 여성은 아름답고 매력적이기만 하면 되었다. 이 두 가지 특권을 지니고 있으면 엄청난 부가 그녀들의 발아래로 쏟아졌다. 이런 특권을 이용하지 않는 여성은 괴짜 취급을 받거나 괴상한 철학 때문에 부를 경멸한다고 여겨졌다. 그리고 이렇게 '다루기 힘든' 여성은 관심받지 못했다. 가장 요염한 여성은 부의 형태로 존중받을 수 있었다. 상류층은 여성의 매매를 일종의 사업으로 용인했으며, 앞으로 신망을 잃을 것이다. 만약 그렇지 않다면 혁명은 길을 잃을 것이고 새로운 질서 내에서조차 우리는 계속 부패할 테니 말이다. 하지만 아프리카 해안의 노예가 그렇듯 남성이 구매한 여성에게는 부를 얻을 수 있는 다른 길이 전부 막혀 있다는 사실을 이성으로 감출 수 있을까? 우리도 알다시피 둘 사이에 큰 차이가 있기는 하다. 여성이라는 노예는 매력을 이용해 주인을 휘두르기도 하기 때문이다. 하지만 여성이 모든 매력을 잃은 나이에 주인이 아무런 보상 없이 여성에게 자유를 준다면, 이 불운한 여성은 무엇이 되겠는가? 멸시의 대상이 된다. 그녀에게는 자비의 손길조차 내밀어지지 않는다. 그녀는 가난하고 늙었다. 사람들은 '왜 그녀는 돈을 모으지 않았을까?'라고 말할 것이다.

훨씬 더 가슴 아픈 사례도 떠오른다. 세상 물정 모르는 젊은 여성이 사랑하는 남성의 꾐에 넘어가 부모를 버리고 남성을 따라간다. 몇 년이 지나면 이 배은망덕한 남자는 여성을 떠날 것이며, 여성이 그의 곁에서 나이 들어갈수록 그는 더 잔혹하게 변심할 것이다. 그녀는 아이가 있다 해도 똑같이 버림받을 것이다. 만일 남자가 부자라면, 고결한 희생양이 된 여성과 아이에게 더는 자신의 재산을 할애하지 않아도 된다고 생각할 것이다. 만약 그에게 이행해야 할 어떤 의무가 있다 하더라도 그는 모든 법적인 도움을 받아 그 의무를 저버릴 것이다. 만약 그가 이 순진한 젊은 여성과 결혼했다면, 그는 다른 모든 약속을 지키지 않을 것이다. 그렇다면 이런 악덕을 뿌리째 뽑아버리려면 어떤 법을 만들어야 할까? 남성과 여성이 재산을 공동소유하고 이것을 공적으로 행정 처리하는 법이 필요하다.

동등한 분배를 하게 되면 부유한 가정에서 태어난 여성은 분명 많은 재산을 받게 될 것이다. 그러나 덕망 있고 훌륭하지만 가난한 가정에서 태어난 여성은 무엇을 받게 될까? 가난과 무시이다. 특별히 음악이나 그림 실력이 뛰어나지 않다면, 그녀는 완벽하게 능력을 갖췄다 해도 공직에 오르지 못할 것이다. 이런 상황에 대해 본문에서는 개요만 제시하려 하며, 며칠 후 대중에게 내놓을 정치도서의 새 판본에서 주석과 함께 자세히 논의하려 한다.

이제 다시 도덕성에 대해 논의하자. 결혼생활 동안 신뢰와 사랑은 죽어 무덤에 묻힌다. 결혼한 여성은 남편에게 사생아를 낳아주어도 처벌받지 않으며 그렇게 태어난 아이는 재산을 상속받을 권리가 없다. 한편 결혼하지 않은 여성은 누릴 수 있는 권리가 거의 없다. 비인간적인 옛날의 법은 미혼녀의 아이가 아버지의 이름과 재산을 물려받을 권리를 부정하며, 이와 관련해서 새로 만들어진 법은 없다. 지금 내 성별을 명예롭고 공정하게 만들려는 시도가 역설적으로 보인다면, 그것이 불가능한 도전처럼 보인다면, 나는 이 문제를 해결할 영광을 미래의 남성에게 돌리고자 한다. 그동안 우리는 국가 교육과 윤리의 복원과 부부 간의 협약을 통해 앞으로 나아갈 길을 준비할 수 있을 것이다.

남녀 사회 계약 양식

우리는 우리 자신의 의지로, 남은 생애 동안, 그리고 서로 사랑하는 동안 다음의 조건에 따라 결합한다. 우리는 우리의 바람에 따라 재산을 공동으로 소유하되, 자녀 및 특별히 아끼는 사람과 재산을 나눌 권리는 따로 남겨둔다. 어떤 관계에서 생긴 자녀인지 상관없이 우리 재산이 자녀에게 직접 상속됨을 상호 간에 인지한다. 모든 자녀는 그들을 인정한 아버지와 어머니의 이름을 차별 없이 물려받을 권리가 있으며, 자신의 혈육을 버린 자는 법적 처벌을 받는 데 동의한다. 별거하는 경우에는 재산을 나눠야 하며, 자녀를 위해 법에서 정한 비율만큼 미리 재산을 떼어둬야 한다. 결합을 완벽하게 유지한 경우 한 사람이 죽으면 죽은 사람의 재산 절반은 자녀가 상속받는다. 아이가 없다면, 죽은 사람이 정당하다고 판단한 사람에게 이미 공동 재산 절반을 나눠주지 않은 한, 살아있는 사람이 그 재산을 상속받을 권리를 가지게 된다.

이상은 내가 실질적인 집행을 바라며 제안하는 혼인 증서의 대략적인 양식이다. 이 낯선 서류를 읽노라면, 나는 위선자, 정숙한 체하는 여자, 성직자를 비롯하여 그 모든 지긋지긋한 사람들이 나에게 반발하는 모습이 떠오른다. 하지만 내 제안이 지혜로운 이들에게는 행복한 정부를 완벽하게 꾸리는 도덕적인 방법으로 보일 것이다!

더불어 사랑하는 남자의 거짓 약속에 속아 넘어간 미망인과 젊은 처녀를 지원하는 법이 제정되길 바란다. 나는 이 법이 충실하지 못한 남자에게 의무를 이행하도록 제재를 가하거나, 적어도 남자가 자신의 재산에 상응하는 위자료를 지급하도록 강제하길 바란다. 나는 이 법이 여자들, 특히 위법행위를 저질렀다는 것이 증명되었음에도 뻔뻔하게 법에 호소하는 여자들에게도 엄격하게 적용되길 바란다. 동시에 내가 1788년에 『인간의 원초적 행복 Le Bonheur primitif de l'homme』에서 이야기했듯, 매춘부들은 지정 구역에만 머물러야 한다. 도덕성을 가장 타락시키는 이들은 매춘부들이 아니라 사교계 여자들이다. 후자를 되살리면 전자를 바꿀 수 있다. 이런 상호 보완 관계는 처음엔 무질서하겠지만 결과적으로 완벽한 조화를 이룰 것이다.

나는 여성의 영혼이 지닌 품격을 높일 수 있는 아주 쉬운 방법을 제시하려 한다. 바로 남성의 활동에 여성이 참여하는 것이다. 이런 방법이 비현실적이라며 완강하게 거부하는 남자라면, 변덕이 아니라 법의 논리에 따라 여자와 재산을 나누면 된다. 그러면 편견은 줄고, 도덕은 정화되고, 자연은 모든 권리를 찾을 것이다. 덧붙여 사제들의 결혼이 가능해지고 왕권이 강화되면 프랑스 정부는 무너지지 않을 것이다.

2부

국제연합 여성 차별 철폐 선언

United Nations Declaration on the Elimination of Discrimination aginst Women

1967년에 발행된 이 선언은 페미니즘 사상과 활동의 국제적 성장에 따른 산물로, 1979년에 합의된 여성 차별 철폐 협약Convention on the Elimination of All Forms of Discrimination against Women, CEDAW의 토대가 된 글이다. 현재 이 협약은 바티칸, 소말리아, 수단, 이란 등 극히 일부 국가를 제외한 세계 거의 모든 국가에서 법적으로 인정받고 있다.

국제연합은 세계 2차 대전 당시 벌어졌던 세계적인 대량 학살의 여파 속에서 성별, 인종, 종교와 상관없이 개인의 인권을 보호하기 위한 국제적인 단체로서 창설되었다. 그러나 국제연합에서도 상당히 절제된 표현을 빌려 논했듯, "여성이라는 인간이 처한 현실은 국제적으로 합의한 권리를 여성이 누릴 수 있도록 보장하기에 충분하지 않은 것으로 드러났다."

국제연합 여성 지위 위원회UN's Commission on the Status of Women가 페미니스트의 대중적 활동을 배경으로,

1963년에 세계 여성의 증진된 삶을 윤리적이고 정치적으로 요구하는 선언문을 작성하는 임무를 맡았다. 여기서는 정치의 영역(투표 등)뿐 아니라 개인적이고 가정적인 영역(선언에서는 아동 결혼의 종식과 동등한 교육의 기회를 주장한다)까지 다루고 있다.

전문

(총회 결의안 제2263(XXII)호. 여성 차별 철폐 선언)

국제연합의 사람들이 헌장을 통해 기초적인 인권, 인간의 존엄과 가치, 남녀의 동등한 권리에 대한 믿음을 재확인했음을 고려하고,

세계 인권 선언Universal Declaration of Human Rights이 비차별 원칙을 내세우면서, 모든 인간은 태어나면서부터 자유롭고 존엄과 권리에 있어 평등하며 성차별을

비롯한 모든 종류의 차별을 받지 않고 동 선언에 규정된 모든 권리와 자유를 누릴 수 있다고 선포하고 있음을 고려하고,

모든 형태의 차별을 철폐하고 남녀의 동등한 권리를 촉진하기 위해 만들어진 전문 기구와 국제연합의 결의안, 선언, 협약, 권고를 참작하고,

국제연합 헌장, 세계 인권 선언, 국제 인권 규약 International Covenants on Human Rights, 국제연합과 전문 기구의 여타 규범이 존재하며, 인권의 동등함과 관련하여 진보가 있었음에도 여전히 여성에 대한 심각한 차별이 자행되고 있다고 인정됨을 고려하고,

여성에 대한 차별은 인간의 존엄성 및 가정과 사회의 복지와 양립할 수 없고, 여성이 남성과 동등하게 자국의 정치, 사회, 교육, 문화 부분의 생활에 참여하는 것을 가로막으며, 여성의 잠재력을 완전히 개발함

으로써 자국과 인류에 공헌하는 데 장애가 됨을 고려하고,

여성이 사회, 정치, 경제, 문화 부분의 생활에 크게 이바지했고, 가정에서 특히 양육과 관련하여 수행하는 역할이 있음을 염두에 두고,

국가의 충만하고 완전한 발전, 세계의 복지, 평화를 위해서는 남성뿐 아니라 여성도 모든 분야에 최대한 참여해야 함을 확신하고,

법과 현실에서 남녀평등 원칙을 보편적으로 인지하도록 보장하는 조처의 필요성을 고려하면서,

이 선언을 엄숙하게 공표한다.

1조

남성과의 동등한 권리를 부정하거나 제한하는 등의 여성 차별은 근본적으로 불공정하며 인간의 존엄성을 공격하는 요인이다.

2조

모든 적절한 조처를 하여 여성 차별적인 기존의 법, 관습, 규제, 관행을 폐지하고 남녀의 동등한 권리를 보호할 수 있는 적절한 법적 장치를 만들 것이다.

a) 권리의 평등 원칙은 헌법에 포함하거나 그렇지 않더라도 법적으로 보장할 것이다.
b) 국제연합과 여성 차별 철폐 관련 전문 기구가 제시하는 국제 규범은 상정하거나 비준하며 최대한 단시일 내에 완전히 시행할 것이다.

3조

모든 적절한 조처를 하여 여론을 교육할 것이며 전 국민의 열망이 차별을 근절하고 여성이 열등하다는 발상에 기초한 모든 관습과 관행을 폐지하는 방향으로 향하도록 할 것이다.

4조

모든 적절한 조처를 하여 다음의 권리를 그 어떤 차별도 없이 남성과 동등하게 여성에게 보장할 것이다.

a) 모든 선거의 투표권과 선거로 선출되는 공공 기구의 피선거권.
b) 모든 국민투표의 투표권.
c) 공직에 종사하며 모든 공적 직능을 수행할 권리.

이런 권리는 입법을 통해 보장할 것이다.

5조

남성과 동등하게 국적을 취득, 변경, 보유할 권리를 여성에게 부여할 것이다. 외국인과 결혼한 경우 부인을 무국적자로 만들거나 부인에게 남편의 국적을 강요함으로써 부인의 국적을 기계적으로 변경하지 않을 것이다.

6조

1. 가정은 여전히 모든 사회의 기본 단위로 남아있는바, 가정의 화목과 단합을 보호하는 조치에 편견을 가지지 않는 상태에서, 특히 입법 조치를 비롯한 모든 적절한 조처를 하여 남자와 동등한 민법상 권리를 결혼 여부와 상관없이 여성에게 부여할 것이다.

a) 결혼생활 중 취득한 재산을 포함하여 재산을 취득하고, 관리하고, 누리고, 처분하고, 상속받을 권리.

b) 사법 권한의 보유와 행사에 있어 동등한 권리.

c) 이주에 관한 법률과 관련하여 남성과 동등한 권리.

2. 모든 적절한 조처를 하여 부부의 지위가 동등하다는 원칙을 보장할 것이다.

a) 배우자를 자유롭게 선택하며, 오직 자유롭고 완전한 상호 동의하에서만 결혼생활을 시작할 권리를 남성과 동등하게 여성에게 부여할 것이다.

b) 결혼생활 동안 남성과 동등한 권리를 여성에게 부여할 것이며 파경 시에도 마찬가지이다. 그리고 모든 경우에 자녀의 이익을 가장 우선

시할 것이다.

c) 자녀와 관련한 문제에서는 부부에게 동등한 권리와 의무를 부여할 것이다. 그리고 모든 경우에 자녀의 이익을 가장 우선시할 것이다.

3. 아동 결혼과 사춘기 이전 어린 소녀의 약혼은 금지할 것이며, 입법을 비롯한 효과적인 조처를 통해 결혼 최저 연령을 구체화하고, 공공 등기소에 의무적으로 혼인신고를 하도록 할 것이다.

7조

여성에게 차별적으로 구성된 모든 형법 조항은 폐지할 것이다.

8조

입법을 포함한 모든 적절한 조처를 하여 모든 형태의 여성 밀거래 및 성매매를 통한 여성 착취와 싸울 것이다.

9조

모든 적절한 조처를 하여 전 교육 수준에서 남성과 동등한 권리를 결혼 여부와 상관없이 소녀와 여성에게 보장할 것이다.

a) 대학, 직업학교, 공업학교, 전문학교 등을 포함한 모든 종류의 교육기관에 입학해서 공부할 수 있는 동등한 환경.

b) 남녀공학의 여부와 상관없이 동등한 교과목 선택권, 동등한 시험, 동일한 수준의 자격을 갖춘 교사, 동질의 학교 시설과 장비 혜택.

c) 장학금 및 다른 연구 보조금을 지원받을 동등한 기회.

d) 성인 문맹자용 학습 과정을 포함한 계속 교육 과정의 혜택을 받을 동등한 기회.

e) 가정의 건강과 복지를 보장하는 데 도움을 주는 교육 정보의 혜택.

10조

1. 모든 적절한 조처를 하여 경제생활 및 사회생활 부분에서 남성과 동등한 권리를 결혼 여부와 상관없이 여성에게 보장할 것이다.
특히:

a) 혼인 상태나 다른 어떤 상태를 근거로 차별받지 않으면서 직업 훈련을 받고, 일하고, 직업과 직장을 자유롭게 선택하고, 전문성을 높이고, 승진할 권리.

b) 남성과 동등한 보수를 받으며 동등한 가치의 직무를 수행하면서 동등한 대우를 받을 권리.

c) 유급 휴가와 퇴직 시 따르는 혜택을 받고, 실업, 질병, 노령 또는 기타 노동이 불가능한 경우에 사회보장 혜택을 받을 권리.

d) 남성과 동등 한 조건으로 가족수당을 받을 권리.

2. 결혼이나 임신을 이유로 발생하는 여성 차별을 예방하고 여성의 일할 권리를 효과적으로 보장하기 위해, 모든 적절한 조처를 하여 혼인이나 임신으로 인한 해고를 막고, 이전 직장으로의 복귀를 보장하는 유급 출산휴가를 제공하고, 보육원을 비롯하여 필수적인 사회 복지를 제공할 것이다.

3. 여성의 선천적인 물리적 특징을 근거로 특정 유형의 직업에서 여성을 보호하기 위해 취한 조치는 차별로 간주하지 않을 것이다.

11조

1. 모든 국가에서는 국제연합 헌장과 세계 인권 선언의 원칙에 따라 남녀 권리의 평등 원칙을 이행해야 한다.

2. 따라서 정부, 비정부기구, 개인은 이 선언에 포함된 원칙을 빠르게 시행할 수 있도록 최선을 다해야 한다.

3부

짧은 말로 긴 울림을 주는
페미니즘 명언록

"여성으로 태어나는 것이 아니다. 여성이 되는 것이다. 사회에서 인간 여성이 취하는 모습을 정하는 것은 그 어떤 생물학적, 정신적 또는 경제적 운명도 아니다. 여성이라고 하는, 이 남자와 고자 사이에 있는 중간의 존재를 만들어낸 것은 문명 전체이다. 어떤 개인을 타인으로 만들기 위해서는 또 다른 개인의 중재가 필요하다. 만약 아이들이 홀로 존재한다면, 자신들의 성별이 다른지조차 알지 못할 것이다."

시몬 드 보부아르(Simone de Beauvoir), 『제2의 성』, 1949.

"유럽에서는 여성이라는 성별이 가혹하게 비난받아온 나머지, 여자는 자신의 권리로 누릴 수 있는 것조차 요구할 엄두를 내지 못했다. 만약 법이 여자에게 자유롭게 사랑할 권리를 보장해 주었다면 우리는-우리가 마구 빈정대는 대상인-가식적 사랑을 덜 보았을 것이고, 조금도 불편하지 않고 자유롭게 이혼할 수 있었을 것이다. 여자가 복종한다고 해서 남자가 이익을 얻는 것은 결코 아니다. 우리가 그 혐오스러운 사슬을 감고 있으므로 남성이라는 성별이 착각하는 것이다!

이런 결합 때문에 남자는 예속시킬 여자가 줄어든다며 괴로워하는 것이다! 더 일반적으로 이야기하자면, 사회적 진보는 자유를 향한 여성의 진보에 달려있고, 사회적 후퇴는 여성이 누리는 자유의 감소에 대응된다. 따라서 여성의 권리 확대는 모든 사회적 진보의 근본적인 전제조건이다."

샤를 푸리에(Charles Fourier),
『사랑의 자유를 향하여(Vers la liberté en amour)』 1817-1819

"나는 지금까지도 페미니즘이 무엇인지 정확하게 알아내지 못했다. 내가 유일하게 알고 있는 사실은 내가 호구 잡힌 여자들과는 다른 감정을 표현할 때마다 사람들이 나를 페미니스트라고 부른다는 것뿐이다."

레베카 웨스트(Rebecca West, 1892-1983).

"여자의 기지는 문을 만들어 가두면 창문으로 뛰어나올 것이고, 창문을 닫으면 열쇠 구멍으로 쏟아져 나올 것이고, 열쇠 구멍을 막으면 연기와 함께 굴뚝으로 피어오를 것이다."

윌리엄 셰익스피어(William Shakespeare),
『뜻대로 하세요(As You Like It)』, 1599.

"우리는 이번에 저 높고 단단한 유리 천장을 깨지는 못했지만, 여러분께 감사하게도, 천정에는 천8백만 개의 금이 생겼고, 그 사이로 유례없이 많은 빛이 쏟아지면서, 우리 모두를 희망으로 채우고 있습니다. 분명 다음에는 이 길을 조금 더 쉽게 갈 수 있을 겁니다."

힐러리 클린턴(Hillary Clinton), 워싱턴의 국립 건축 박물관(National Building Museum)에서 했던 연설. 2008년 6월 7일.

"도서관의 그 현명하고 중요하며 두껍고 무거운 책 속에서 말하는 사람은 누구인가? 국회의사당에서 말하는 사람은? 사원에서 말하는 사람은? 연단에서 말하는 사람은 누구이고 우리의 법으로 말하는 사람은 누구인가? 발언권을 가진 사람은 남자이다. 세상은 남자가 말하는 대로다. 그러나 남자들의 말은 조화로워 보이지 않으며, 남자들은 우리가 이 사실을 잊어버리도록 전부 같은 소리를 늘어놓는다. '남자가 말하는 것이 사실'이라고 말이다. 남자의 말이 세상을 만드는 것이다."

애니 르클레르(Annie Leclerc), 『여자의 말(Parole de femmes)』, 1974.

"남자 여러분과 시민 여러분, 우리는 긍지를 갖고 여러 차례 이야기했습니다. 18세기에 남자들의 권리를 선언했듯, 19세기에는 여자들의 권리를 선언할 것입니다. 하지만 시민 여러분, 우리는 너무 늦장을 부렸음을 인정해야 합니다. 심각하게 고려해야 하는 많은 것들과 신중하게 생각해야 하는 것들에 발목이 잡혀있었다는 점을 저는 인정합니다.

제가 이야기를 하는 지금 우리는 진보의 시점에 도달했지만, 가장 훌륭한 공화당 지지자분들과 가장 진실하고 순수한 민주당 지지자분들 중 많은 분이 훌륭한 정신을 갖고 계시면서도 남자와 여자의 영혼이 동등하며, 따라서 남녀의 시민권이 정말로 똑같지는 않아도 비슷하긴 해야 한다는 점을 받아들이길 여전히 망설이고 계십니다."

빅토르 위고(Victor Hugo), "저지(Jersey)에 있는 성 요한 공동묘지의 루이즈 쥘리엥(Louise Julien)의 무덤 앞에서 했던 연설", 1853년 7월 26일.

"페미니스트란 여자와 남자의 온전한 인간성과 평등한 관계를 인지하는 모든 사람이다."

글로리아 스타이넘(Gloria Steinem)

"'여성들에게 갑자기 무슨 일이 벌어진 것일까? 그녀들은 모두 책을 쓰기 시작했다. 그 정도로 중요하게 그녀들이 하려는 말은 무엇일까?' 최근 주간지에서 던진 질문이다. 왜 남성들이 2천 년 동안 책을 썼는지, 그리고 아직도 무슨 할 말이 남아있는지는 단 한 번도 물어본 적 없으면서 말이다!"

그루(Benoîte Groult), 『그녀 뜻대로 되게 하소서』, 1975.

"떨어라, 바지 입은 폭군들이여!
여자들이여, 우리의 날이 왔다
연민은 버리고 나팔을 불자
수염 난 성별이 저질러온 그 모든 잘못!
너무 오랫동안 그 작태들은 계속되었고,
우리의 참을성은 끝이 났다
폭발시켜라, 화산처럼 분노를 폭발시켜라,
케케묵은 악행을 깨끗이 쓸어내자.

코러스
자유여, 너의 온기를 비추어라.
우리의 이마에서 눈부신 지혜가 빛나도록
떨어라, 떨어라,
질투하는 남편들이여,
속치마를 입은 여단에 경의를 표하라!
떨어라, 떨어라,

질투하는 남편들이여,
속치마를 입은 여단에 경의를 표하라!

남자, 이 야만적인 폭군은,
잽싸게 자신의 권리를 선언했다.
이제 우리도 우리에게 걸맞은 권리를 만들자.
이제 우리도 우리에게 걸맞은 법을 소유하자!
1793년에 남자는
오로지 자기만을 위했다.
오늘 우리도 우리를 생각하자.
그리고 우리만의 '마르세유Marseille'를
건설하자!"

루이즈 드 쇼몽(Louise de Chaumont), 1848년 6월에 여성복 잡지인
『여성 공화국(La République des femmes)』 창간호에 실렸던 노래
"치마들의 라마르세예즈"(La Marseillaise des cotillons).

- 프랑스의 국가(國歌).

"여성들은 너무 오랫동안 남성들과 동등한 사회적 지위를 바라며 살아왔습니다. 1789년에 올랭프 드 구주가 여성 대표로서 불만과 요구 사항을 의회에 제출했을 때, 그녀가 들었던 말은 곧 사회가 완전히 뒤바뀔 것이고 여성도 남성으로부터 해방될 것이기 때문에 지금 여성의 지위를 검토해봐야 의미가 없다는 것이었습니다. 그리고 혁명이 일어났습니다. 하지만 남성의 권리만 널리 울려 퍼졌을 뿐 여성은 노예 상태로 남았습니다. 혁명을 위해 일했던 여성들은 순진하게도 자기 몫의 자유를 얻으리라 믿었습니다. 자신들이 완전히 무시당했음을 알아챘을 때 여성들은 항의했습니다. 그러자 여성들을 향해 조롱과 멸시와 모욕이 쏟아졌고, 훗날 자신들의 권리를 요구하러 지방의회를 찾아간 여성들은 혁명기의 정치가 쇼메뗴Chaumette에게 불명예스럽게 쫓겨났습니다. 이 격노한 여성들은 항의했습니다. 단체를 조직해서 자신들의 특정한 권리뿐 아니라 모두를 위한 공통의 이익을 지키려 했습니다. 그러나 국민공회는 그녀들의 조직을 해산시켰고, 투표를 통해 여성이 모여서 사회 문제에 참여하는 것을 금지했습니다. 이 독재를 일삼는 혁명가들은 평등과 자유라는 단어가 전 세계 곳곳에 울려 퍼지는 것을 확인하면서도 불평등한 명령을 내렸던 것입니다!...프랑스의 여성 여러분, 저는 여러분의 앞에 서서 말씀드리고자 합니다. 오늘날 우리를 평등한 존재로 보지 않는 자들은 미래에도 우리를 평등한 존재로 보지 않을 겁니다. 그렇다면 우리가 우리 자신을 평등한 존재로 바라봅시다. 우리의 요구를 포기하지 맙시다. 수백 년 동안 우리는 현재의 자신을 잊어야 하며 모두의 복지를 위해 일하면 우리에게도 공공의 이익이 할당될 것이라는, 이런 나쁜 믿음의 희생자가 된 적이 너무나도 많습니다. (박수)."

위베르틴 오클레르(Hubertine Auclert),
1879년 10월 22일에 마르세유에서 열렸던 사회주의 노동자 의회 연설.

"독서를 통해 좁디좁은 가정생활을 생각과 상상과 지식으로 이루어진 끝없는 공간으로 바꿀 수 있다는 사실을 알게 되는 순간 여자들은 위험해진다. 독서를 하면서 여자들은 사회가 미리 정해두지 않았던 지식과 경험을 흡수한다."

슈테판 볼만(Stefan Bollmann),
『책 읽는 여자는 위험하다(Frauen, Die Lesen, Sind Gefährlich)』, 2006.

"여성에 대한 폭력은 모든 환경, 모든 나라, 모든 세대에 존재합니다. 이런 이유로 불평등과 지배는 어디서나 영구화되고 있습니다."

마리솔 투렌(Marisol Touraine),
2015년 11월 25일 국제 여성 폭력 추방의 날(International Day for the Elimination of Violence against Women) 기념 대언론 발표.

존 레논^{John Lennon}과 함께 종교가 없는 세상을 상상해 봅시다.* 자살 폭탄 테러범도, 9.11테러도, 7.7 런던 지하철 테러도, 십자군도, 마녀사냥도, 화약 음모사건도, 인도 분할도, 이스라엘과 파키스탄의 전쟁도, 세르비아와 크로아티아의 무슬림 대량 학살도, '예수 살해자'라며 유대인을 박해하는 일도, 북아일랜드의 '갈등'도, '명예 살인'도, 번쩍이는 양복을 입고 머리를 봉긋하게 띄우고서 텔레비전에 나온 전도사가 순진한 사람들을 속여 돈을 빼앗는 일도 없다고 상상해 봅시다.

- 존 레논의 노래 〈Imagine〉에서는 종교나 국가 등의 장벽이 없는 평화로운 세상을 상상한다.

고대 조각상을 폭파하는 탈레반도, 신성모독을 이유로 공개참수를 당하는 일도, 여성이 살갗을 조금 보였다는 죄목으로 태형을 당하는 일도 없다고 말입니다.

리처드 도킨스(Richard Dawkins), 만들어진 신(The God Delusion)』

"세 개의 일신교-내 말은 일신교 셋 전부-는 여성과 욕망과 충동과 열정과 성욕 그리고 모든 자유를 근본적으로 똑같이 혐오한다. 그러니 학교에서 종교를 가르치는 것이 타당한지 아닌지를 두고 열 올리지 말자. 정말로 시급한 일은 무신론을 가르치는 것이다."

미셸 옹프레(Michel Onfray),
『(무신학의 탄생)Traité d'athéologie』, 2005.

"성별의 차이가 굳건해야만 구원을 베푸는 하느님, 여성 혐오자들은 늘 이런 하느님을 제 곁에 둔다…"

브누아트 그루(Benoîte Groult),
『남성 페미니즘(Le Féminisme au masculin)』, 1980.

"진정으로 자유로운 사람 중에서도 여성은 자유로우며 존중받는다."

루이 앙투안 레옹 드 생쥐스트(Louis Antoine de Saint-Just), 『프랑스의 혁명 정신과 헌법 정신』 3부 12장 "여성(Des femmes)", 1791.

"요는 이동의 자유라는 개념이다. 19세기 도시는 성차별적인 장소였고 대부분 여성은 자유롭게 돌아다니지 못했다. 그렇게 하는 여성은 매춘부들이었다. 남성 전유의 공간을 뚫고 들어가려면, 관찰 대상에서 관찰 주체가 되려면 여성은 가면을 써야 했다. 조지 샌드 George Sand 는 남자만 거리를 거닐 수 있다는 규칙의 예외 사례 중 하나였다. 돌아다니며 관찰하려면, 자신을 인간다움으로 가득 채우려면, 오랫동안 많이 걸어야 한다. 유행에 관한 모든 것들은 이런 자유에 대해 음모를 꾸민다. 치마, 모자, 신발 등은 모두 여성을 움직일 수 없는 처지로 만든다."

크리스틴 바드(Christine Bard),
『바지의 정치사(Une histoire politique du pantalon)』, 2010.

"저는 지난주에 쇼아지르루아Choisy-le-Roi에서 처음 회의에 참석했습니다. 첫날 저녁, 저는 조금 당황했습니다. 말도 별로 하지 않았지요. 저는 남자 직원과 함께 있었고, 그가 말하도록 두었습니다. 둘째 날 저녁, 저는 말하기 시작했습니다. 세 번째 저녁은 괜찮았습니다. 누군가 제게 질문을 했는데 제가 대답을 하려는 찰나에 그 남자 직원이 제 말을 자르더군요.

그러자 방에 있던 몇몇 여자분들이 말하는 소리가 들렸습니다. "저 남자분은 여자분이 말하게 두지 않으려나 봐요? 여자분이 말하게 두세요!" 그는 입을 닫았습니다. 그다음엔 여자분들이 제 말을 기다리고 있었기 때문에 저는 정말로 말을 해야겠다고 느꼈고, 훨씬 더 자유롭게 말을 했습니다."

브장송(Besançon)의 립(Lip) 시계 공장 여직원, 『석유 방화범 여자들(Les Petroleuses)』 0호, "여자들의 립(LIP au féminin)" 1974.

록산느가 파리의 우스벡에게

맞아요. 저는 당신을 속였어요. 제가 당신의 내시를 유혹했어요. 당신의 질투에 코웃음을 쳤고, 당신의 끔찍한 하렘을 쾌락과 기쁨의 장소로 바꾸었어요.

곧 저는 숨을 거둘 거예요. 독이 빠르게 제 혈관을 타고 흐르겠죠. 나를 살아있게 해주는 유일한 남자가 이미 없는데, 그 외에 제가 여기서 무엇을 해야 할까요? 저는 죽어가지만, 저의 영혼은 혼자 달아나지 않을 거예요. 저는 이 세상에 고상한 피를 흘렸던, 신을 두려워하지 않는 근위병들을 앞서 파견해두었답니다.

당신은 어떻게 저를 두고 그렇게 잘 속아 넘어가는 여자라고, 그래서 당신이 변덕을 부릴 때마다 기뻐하는 것을 제 유일한 소임으로 여기고 있으리라고 생각하셨을 수 있죠? 당신은 모든 자유를 누리면서 저의 욕망을 전부 좌절시킬 권리를 가지고 있다고 말예요?

틀렸어요. 저는 노예처럼 살았을지 모르지만 언제나 자유로웠어요. 저는 자연법칙에 따라 당신의 법을 바꿨고 제 영혼은 언제나 무엇에도 예속되지 않은 상태였어요. 그러니 당신은 제가 치렀던 희생에 고마워해야 해요. 당신에게 충실하게 보이려고 한껏 몸을 낮추고, 세상에 공표해 마땅했던 것을 겁쟁이처럼 마음속에 감추고, 그 이름으로 불리고 싶어 하는 당신의 괴벽에 복종하느라 정조를 더럽혔으니 말예요.

제 안에서 당신을 향한 사랑을 찾을 수 없어 놀랐겠죠. 당신이 저를 진정으로 알았다면 그 모든 격렬한 증오를 발견했을 거예요.

하지만 당신은 저의 이 심장이 당신만의 것이라고 믿으며 오랫동안 만족했죠. 우리 모두 행복했어요. 당신은 제가 속고 있다고 믿었고 저는 당신을 속이고 있었으니까요.

당신은 이 편지에 놀랄 거예요. 이 편지가 당신을 고통으로 압도한 뒤 심지어 당신이 저의 용기를 존경하게 만들 수도 있을까요? 하지만 이제는 너무 늦었어요. 독이 저를 좀먹고 있으니까요. 힘이 빠지네요. 펜이 손에서 떨어지고, 증오마저 약해지고 있어요. 죽음이 저를 데려가요.

1720년 5번째 달의 8번째 날, 이스파한 Ispahan의 하렘에서.

몽테스키외(Montesquieu),
『페르시아인의 편지(Lettres Persanes)』, 161번째 편지, 1721.

"적은 남자들이 아닙니다. 적은 가부장제라는 개념입니다. 세상이나 상황을 굴러가게 만드는 방법으로 사용하는 가부장제라는 개념 말이지요."

토니 모리슨, 대담집, 2008.

"정당들은 여자에게 베푸는 남자의 친절이 정치적 모욕임을 상기시키는 동시에, 영국식 사교 클럽처럼 변화를 거부하고 호전적인 협동조합주의를 필사적으로 흉내 낸다. 이상적인 사회변혁에 이바지하고자 정치계에 들어가길 희망하는 여자들은 뾰족한 꼬챙이 같은 언사를 보이는 이 편파적인 조직에 거부당한다."

이베트 루디(Yvette Roudy), 『르 몽드(Le Monde)』,
"길들여진 정당(La parité domestiquée)", 2004년 9월 5일.

"제가 깨달았던 점은 부인은 남편의 노예가 아니라 남편의 동료이자 배우자이며 남편의 모든 기쁨과 슬픔을 공유하는 동등한 짝이라는 것입니다. 부인도 남편만큼 자유롭게 자신의 길을 선택할 수 있지요."

마하트마 간디(Mahatma Gandhi),
『모든 인류는 형제다(All Men Are Brothers)』, 1942-1956.

"우리는 제국주의가 퍼지지 않았던 척 행동하거나 인종별로 대표적인 특징이 존재하는 것을 부정할 수 없어요. 마찬가지로 성별과 관련해서 우리는 무겁게 깔린 성적 규범을 못 본 체할 수 없지요. 사실 세상에는 기능하는 규범이 필요하긴 하지만, 어떤 규범이 우리에게 가장 잘 맞는지 탐색하는 것은 우리의 자유입니다."

주디스 버틀러(Judith Butler),
『르 누벨 옵세르바퇴르(Le Nouvel Observateur)』에서
에릭 에쉬몬(Eric Aeschimann)과 나눈 인터뷰, 2013.

"여성이 지배받는 이유는 성별이 여자이기 때문도, 신체 구조가 다르기 때문도, 사고방식과 행동방식이 선천적으로 남자와 다를 수 있기 때문도, 허약하거나 무능할지도 모르기 때문도 아니며, 오로지 생식의 특권과 남성을 번식시킬 수 있는 특권을 가졌기 때문이다. 피임은 바로 그 억류상태에서 여성을 해방한다. 사실 꽤 놀라울 정도로 모든 사회의 여성에게는 피임이 극도로 중요하다. 최근 사회학자들은 금세기에 발생했던 가장 중요한 사건을 알아보는 여론조사를 수행했다. 대다수 남성은 우주 정복이라고 응답했다. 여성의 90%는 피임을 가장 먼저 꼽았다. 여성의 피임이 가능하다는 것은 인류 역사가 진정한 전환점을 맞았음을 의미

한다. 수 세기 동안 여성의 지위가 달라진 것은 사실이다. 하지만 이런 변화에도 불구하고 여성에 대한 묘사는 언제나 남성 지배자들이 고전적인 맥락에서 결정하는 수준에 머물렀다. 여성은 가정을 대표했고 자신의 생물학적 기능을 통제하기 위해 자신을 가두어야 했다. 이런 공통적인 기질을 급진적으로 바꾸기 위해서는 여성이 자주적인 개인으로서의 법적 지위를 획득해야 한다. 따라서 보이는 바대로 피임은 여성 해방의 결정적인 지렛대 역할을 한다."

프랑수아즈 에리티에(Françoise Héritier),
『남성/여성 2권: 위계의 해소(Masculin/Féminin II: Dissoudre la hiérarchie)』 2008.

"배우자 사이의 관계와 마찬가지로 부모와 자식 간의 관계 역시 자유롭게 선택할 수 있어야 한다. 아이는 여성이 특별하게 누릴 수 있는 성취라는 이야기도 사실이 아니다. 흔히 성급하게 말하길 여성은 아이가 없으면 교태를 부리거나 성관계를 원하거나 동성애자가 되거나 야망을 품게 된다고 한다. 여성의 성생활과 목표와 그녀가 추구하는 가치를 아이의 대용으로 여기는 것이다. 사실 무엇이 원인이고 무엇이 결과인지는 분명하지 않다. 반대로 충분한 애정을 받지 못하거나 일이 없거나 동성애 성향을 만족시킬 수 없는 여성이 아이를 원한다고 말할 수도 있을 것이다. 이런 가짜 자연주의는 사회적이고 인위적인 윤리를 은폐한다. 아이가 여성의 궁극적인 목표라는 발상은 겨우 광고 문구로나 쓸 법한 것이다. 이런 발상에서 직접 기인한 부차적인 선입견이 있는데, 아이는 엄마 품에서 행복하다는 것이다. '부자연스러운' 어머니라는 개념이 없는 이유는 모성애가 전혀 자연스러운 것이 아니기 때문이다. 또 바로 그 이유로 나쁜 어머니도 존재하기 마련이다."

시몬 드 보부아르(Simone de Beauvoir),
『제2의 성(Le Deuxième Sexe)』, 1949.

"모성에 관한 낡은 개념을 다시 불러오고 여성의 피학성향과 희생을 칭찬하는 자연주의의 부활은 여성 해방과 성 평등을 크게 위협하는 요인이다."

엘리자베스 바댕떼르(Élisabeth Badinter),
『갈등: 여자와 어머니(Le Conflit: La femme et la mère)』, 2010

"선행을 베푸는 여성이 되지 말라. 여성 클럽에서는 또렷한 정신을 유지하라. 페미니즘을 본래 있어야 할 곳, 정치적 경기장으로 가져가는 것을 잊지 말라."

마거리트 뒤랑(Marguerite Durand, 1864-1936).

"백 년 전에 살았던 여성은 임신하는 순간 자신의 삶도 끝나리라는 것을 알고 있었다."

레이첼 커스크(Rachel Cusk),
『알링턴파크 여자들의 어느 완벽한 하루(Arlington Park)』, 2006.

"여자들이 돌아다니거나 일할 수 없고, 존중받지 못하며, 자신의 개인적이거나 정신적이거나 물리적 공간을 보호하는 것에 관해 비밀스럽게조차 지속해서 생각할 수 없는 한, 여자를 향해 휘파람을 불거나 부적절한 발언을 하는 등의 행동은 지탄받아야 할 것이다."

나타샤 헨리(Natacha Henry), 『무거운 남자들 또는 음란한 온정주의 (Les mecs lourds ou le paternalisme lubrique)』, 2003.

"믿으면 위로가 되는 이야기들과는 반대로 여성의 지위는 향상되지 않았다. 우리가 알다시피 전 세계적으로는 물론이고 심지어 프랑스에서조차 그렇다. 여성이 승리를 거둔 지 30년이 지났음에도 유럽에서는 여전히 남성의 패권이 더 두드러진다. 이런 상황에서 눈을 돌린다면, 어머니의 페미니즘을 다락에 가두는 데 동의한다면, 여성이 어렵게 얻은 사회적 지위가 더는 향상되지 않거나 심각하게는 하락하는 것을 보게 될 위험이 있다."

브누아트 그루, 『그녀 뜻대로 되게 하소서(Ainsi soit-elle)』, 1975

"콜레트의 생각을 이끄는 것은 종족 번식의 책임도, 부부와 부부의 맹세를 통해 사회를 안전하게 보호할 책임도 아니다. 부부의 일부로서가 아니라 수많은 관계 속에서 자신의 호기심과 창의력을 유지하기 위해 육체 감각의 자유를 얻길 희망하는 '여자'의 감정이야말로 그녀가 끊임없이 고찰하는 유일한 것이다."

줄리아 크리스테바(Julia Kristeva),
『콜레트: 여성 천재(Colette: Un génie féminin)』, 2007.

"이런 시인들은 존재할 것입니다! 여인이 끝없는 예속에서 풀려날 때, 여인이 자기 자신을 통해서 자기 자신을 위해 살 때, 매우 끔찍하게 굴던 남자가 여인에게 자유를 줄 때, 여인 역시 시인이 될 것입니다! 여인은 미지의 것들을 발견할 것입니다! 여인의 심상은 우리와 다를까요? 여인은 이상하고, 불가사의하고, 혐오스럽고, 아주 기분 좋은 것들을 발견할 겁니다. 우리는 그것들을 받아들일 것이고 그녀들을 이해하게 되겠죠."

아르튀르 랭보(Arthur Rimbaud), 샤를르빌(Charleville)에서 폴 드므니(Paul Demeny)에게 보낸 편지, 1871년 5월 15일.

"우리는 남자들을 표절하고 남자들의 사례를 따르고 남자들이 선택한 길을 무작정 따라 걷는 매우 큰 잘못을 저지르고 있습니다. 우리는 우리만의 귀중한 원재료가 있습니다. 우리의 무지이지요. 우리는 남자들이 여러 세기 동안 그네들의 정신에 축적해왔던 바로 그 낡은 잡동사니들로 우리의 정신을 채워버림으로써 이 자산을 잃지 않도록 주의해야 합니다."

알렉산드라 데이빗 닐(Alexandra David-Néel), 『라 프롱드(La Fronde)』, "여성과 사회문제(Les femmes et la question sociale)", 1902년 5월 28일.

"이런 물질적인 어려움은 어마어마했습니다. 하지만 정신적인 어려움이 훨씬 더 심각했지요. 키츠Keats와 플로베르Flaubert와 다른 남자 천재들이 세상의 무관심에 그토록 힘들어했다면 그녀의 경우에 세상은 적대적이었습니다. 세상은 그들에게 했던 것처럼, 원한다면 글을 써보시게. 나랑은 상관없는 일이니. 라고 그녀에게 말하지 않았습니다. 세상은 깔깔대며 말했지요. 글을 쓴다고? 네가 쓴 글이 무슨 소용이 있지?"

버지니아 울프(Virginia Woolf),
『자기만의 방(A Room of One Own)』, 1929.

"여자들은 투표권이 있을 때, 즉 여자들도 남자들처럼 평화와 전쟁을 결정할 수 있을 때 아이를 낳을 것입니다."

마거리트 듀랑(Marguerite Durand),
여성에게 표를 던지는 투표에 관한 강의 노트, 1927.

"25세기 동안 철학에서는 여성을 사유의 대상으로 여겼을 뿐 사유하는 주체로 여기지 않았다. 여성은 (관찰하기 위한) 현상이거나 상징인 것이다...그리고 오늘날 여성은 정체성과 차이의 문제뿐 아니라 주체와 객체의 문제를 마주하고 있다. 주체가 되기 위해서는...끊임없이 노력해야 한다. 정치적이거나 시민으로서의 주체뿐 아니라 사유의 주체가 되기 위해서는 말이다."

제네비에브 프레스(Geneviève Fraisse), 『페미니즘 제작소: 기사 및 인터뷰 (La fabrique du féminisme: Textes et entretiens)』, 2012.

"그 인위적인 생물, 남자들이 우리에게서 늘 바랐던 모습을 한 그 관습적인 존재보다 우리는 남자와 훨씬 많이 닮았다. 남자들은 우리를 설득하고 특정한 윤리를 우리에게 억지로 들이밀고 그들의 문학을 이용하고 야만적으로 행동하고 요구하면서, 기형적으로 이상적인 여성을 창조했으며, 우리는 여전히 이런 여성상에서 과감하게 벗어나지 못하고 있다…우리는 남성이 자기들의 이익을 위해 발명해 낸 관습적인 여성성 아래 우리의 인간성을 감춰야 했다."

잔 루아조(Jeanne Loiseau), 『라 프롱드(La Fronde)』, 1900.

"아름다운 이미지들보다도, 도달 불가능한 본보기들이 곳곳에서 여성들을 둘러싼 상황에서, 여성들은 자기혐오에, 그 소모적이고 파괴적인 소용돌이에 빠져 과도하게 에너지를 소모한다. 날씬해야 한다는 강박관념이 반영하는 것은 여성이라는 죄를 따라다니는 집요한 유죄선고이자 어둡고 대단히 파괴적인 죄책감이다. 거부당할지도 모른다는 두려움은 수술을 이용해 신체를 바꾸겠다는 발상을 떠올리게 하며, 신체를 변덕에 따라 잘 변하는 매력 없고 비활성 상태인 물질이자, 자신과는 별개인 외부 물체로 취급한다.

또 화장품 업계와 미디어가 세계화되면서 지구 전체에는 오직 순백의 모델만이 퍼져나가고 있는데, 그 때문에 대단히 부당한 지역적 계층에 되살아나기도 한다."

모나 숄레(Mona Chollet),
『치명적 아름다움: 여성적 광기의 새로운 얼굴(Beauté fatale: Les nouveaux visages d'une aliénation féminine)』, 2012.

"의심과 두려움은 여자의 가장 큰 적이다. 의심은 여자의 발목에 족쇄를 채우고 두려움은 여자의 마음을 점령한다. 여자들은 비난받을지도 모른다는 두려움 때문에 의심하고 이 의심의 단검으로 자신을 베어 조각내고서는 두려움에 하얗게 질린다. 여자의 이런 창백함은 매우 존중받는데, 무한히 매력적이라는 찬사와 함께 천 가지 설명이 따른다. 여자들이여, 두려움으로 베인 상처에서 벗어나서, 의존적인 덩굴식물처럼 매달리는 것이 아니라 단단히 뿌리 내린 커다란 나무처럼 꼿꼿하고 당당하게 서라! 여자는 혼자서도 성장하고, 뻗어 나가고, 전체 숲을 조성할 수 있다."

타슬리마 나스린(Taslima Nasreen),
『여자여, 자신을 드러내라!(Femmes, manifestez-vous!)』, 1991.

"여성의 독립과 해방에 관한 기존 개념의 협소함, 사회적으로 동등하지 않은 남성을 사랑하는 것에 대한 두려움, 사랑이 여성의 자유와 독립을 강탈해갈 것이라는 두려움, 어머니로서 누리는 기쁨이나 사랑은 여성이 전문성을 발휘하는 데 방해가 될 뿐이라는 공포, 이런 모든 것들은 해방된 현대 여성이 의무적으로 처녀성을 유지하게 하며, 그녀 앞에서 삶은 그녀의 영혼을 훼손하지도 구속하지도 않은 채, 깨끗하게 정제된 슬픔과 깊고 매혹적인 기쁨을 담고 흘러간다."

엠마 골드만(Emma Goldman),
『여성 해방의 비극(The Tragedy of Woman's Emancipation)』, 1906.

"머리를 가리는 베일은 단순한 종교적 표시와는 거리가 멀며, 소녀와 소녀들이 목에 걸고 다니는 십자가상과는 다르다. 베일(히잡)은 단순히 머리를 덮는 스카프가 아니다. 베일은 온몸을 가려야 한다. 무엇보다도 베일은 사회에서 성별이 섞이지 못하게 하며, 여성용 공간과 남성용 공간을 과격하고 엄격하게 분리하도록 조장한다. 더 구체적으로 말하면 베일은 여성의 공간을 정하며 그곳에 제약을 가한다. 히잡은 여성의 몸에 새겨서 여성을 통제하는 완전히 야만적인 이슬람 교리이다."

샤도트 자반(Chahdortt Djavann), 『베일을 벗어라!(Bas les voiles!)』, 2003.

"아름다워지는 것은 저의 의무가 아닙니다. 저는 그것을 목적으로 살고 있지 않습니다. 저의 존재는 당신이 저를 얼마나 매력적으로 느끼는지와 관련이 없습니다."

와산 샤이어(Warsan Shire)

"오늘날 모든 여자는 여자인 동시에 남자가 되어야 한다. 한 번에 두 사람이 될 수 있는 존재는 없다. 그런데 여자에게는 왜 이것을 강요할까?

우리는 이 덫에 걸린 여자들을 만났는데, 그녀들의 용기, 덫에서 벗어나고자 하는 욕망, 인내심, 관대함은 정말이지 감탄스러웠다. 자신에게 의문을 던지는 진실한 여자들이자, 항복하길 거부하는 여자들이었다. 이제 여성이 처한 상황은 종속상태나 권력 관계에 의해 정해지지 않으며, 각 여성이 피부 아래 입고 있는 보이지 않는 코르셋에 의해 결정된다.

오늘날 여자는 삶의 모든 단계를 거칠 때마다 생존을 위해 싸우고 진정한 자아를 찾기 위해 싸워야 한다. 이 보이지 않는 코르셋에서 벗어나기 위해 자기 자신에 대항하고 사회에 대항하여 싸워야 한다.

이제 페미니스트는 존재하지 않는다. 오늘날 여자들은 남자들에게 대항하는 단계를 초월했다. 여자는 남자가 필요하다. 심지어 가장 강인해 보이는 여자들조차 이런 이야기를 털어놓았다. 그녀들은 모든 것을 통제하는 듯한 인상을 주지만 남자가 필요한 것이다.

여자의 지위는 공격적인 행동을 통해서가 아니라 혁명을 통해서도 바뀔 수 있다. 그리고 이 혁명은 여자와 남자가 함께 이끌어야 한다. 아니, 이번에는 브래지어를 태우는 정도로는 충분치 않을 것이다. 우리가 이 보이지 않는 코르셋을 벗을 수 있도록 사회가 바뀌어야 한다. 여성이 해방되려면 사회 전체가 해방되어야 한다. 남자도 포함해서 말이다."

엘리에트 아베카시스(Eliette Abécassis) 및 카롤린 봉그랑(Caroline Bongrand), 『보이지 않는 코르셋(Le Corset invisible)』, 2007.

"...여성의 경우 처음부터 그녀의 주체성과 '타자 성' 사이에 갈등이 벌어진다. 여성은 호감을 사도록 노력해야 하며 호감을 사기 위해서는 자신을 타자로 만들어야 한다고 배운다. 따라서 여성은 자신의 주체성을 버려야 한다. 여성은 살아있는 인형처럼 취급받으며 자유를 박탈당한다.

그 결과 잔혹한 순환이 형성되는데, 여성이 자기 주변의 세상을 자유롭게 발견하고 파악하고 이해하지 못할수록, 그녀는 자신의 재능을 발견하지 못할 것이며, 자신을 주체로서 선언할 엄두를 내지 못할 것이다.

그러나 만약 여기서 여성에게 용기를 북돋아 준다면, 여성은 소년과 똑같은 배짱과 자주성과 호기심과 생생한 충만함을 보여줄 수 있을 것이다."

시몬 드 보부아르, 『제2의 성』 1949.

"남자에게 봉사하고 남자를 기쁘게 하는 것이 여자의 행복이라는 발상은 오직 남자만이 떠올릴 수 있다."

마가렛 풀러(Margaret Fuller),
『19세기의 여성(Woman in the Nineteenth Century)』, 1843.

"여성이 진정한 자아를 찾는 때는 그녀가 꿈속에서 본 자신의 모습과 닮아있을 때이다."

페드로 알모도바르(Pedro Almodóvar, 1949-).

"가정에서 바가지를 긁는 여자 또는 메살리나Messalina ³, 성녀 또는 매춘부, 헌신적인 어머니 또는 자격 없는 어머니. 그렇다. 이런 분류는 성문화되어 널리 받아들여지고 있으며, 우리는 계속해서 우리의 역할을 연기하고 있다. 그러나 오랫동안 신성한 의지의 표현으로 여겨졌던 '출산의 고통'을 겪는 일에서부터 우리의 '친절한 아버지' 프로이트Freud가 계획해 놓은 소박하고 수동적인 행복에 이르는, 우리가 살아가면서 겪는 모든 행위를 우리의 관점에서 새로 생각하기 시작

- 로마의 황제 클라우디우스(Claudius)의 마지막 아내. 음탕한 악녀로 낙인찍혀 사형당했다.

하려는 시도는 부적절하며 용납할 수 없는 것으로 여겨진다. 언제나 남성들을 즐겁게 했던 우리의 모습은 예측할 수 없고, 요염하고, 질투하고, 집착하고, 부패하고, 경솔한... 남정 본인들이 안심하기 위해 신중하게 조장해온 어마어마한 단점들이다. 하지만 이런 피조물이 정해진 선로에서 벗어나서 생각하기 시작한다면 어떨까? 그것은 균형을 깨뜨려 버리는, 즉 신성을 모독하는 죄가 될 것이다."

브누아트 그루, 『그녀 뜻대로 되게 하소서』, 1975.

남자가 더 우월하다는 남자들의 오만한 선입견에 반대하는 여자들의 주장을 보면 대부분 모든 것을 뒤집어서 여자를 더 우월한 존재로 만든다. 내 경우에는 모든 극단적인 주장은 피하길 선호하는데, 나는 여자를 남자와 동등한, 우월하지도 않고 열등하지도 않은 사람으로 보는 것이 행복하기 때문이다.

마리 드 구르네(Marie de Gournay),
『남녀평등(Égalité des hommes et des femmes)』, 1622.

"사회가 문명화되었음을 가장 설득력 있게 나타내는 표시는 여성이 완전히 평등한 상태로 들어갔는지 일 것이다. 그렇다면 인류의 지적 능력과 인류가 행복을 얻을 기회는 두 배로 늘어날 것이다."

스탕달(Stendhal), 『나폴리와 피렌체: 밀라노에서 레기오까지의 여행(Rome, Naples et Florence)』, 1817.

"부엌 바닥을 닦으면서 쾌감을 느끼는 여자는 없다."

베티 프리단(Betty Friedan)

"이곳에서 여자로 산다는 것은 치료할 수 없는 벌어진 상처가 있다는 것과 같아. 흉터가 생겼다고 해도 그 밑은 끊임없이 곪아가지."

토니 모리슨(Toni Morrison), 『자비(A Mercy)』, 2009.

"이런 말을 하기는 괴롭지만, 오늘날과 같은 문명사회에도 노예가 존재합니다. 법에서는 완곡한 표현을 사용하지요. 제가 노예라고 부르는 대상을 법은 2등 시민이라고 부릅니다. 법에 따르면 이 2등 시민(실제로는 노예)는 여자입니다. 남자는 법의 저울 위에 균등하지 않게 짐을 올렸지만, 인간으로서 생각하기에는 저울의 균형을 맞추는 것이 중요합니다.

남자는 모든 권리를 자기 쪽에 두고 모든 의무를 여자 쪽에 둠으로써 엄청난 분열을 만들어냈습니다. 여성을 노예 상태로 만들었지요. 현재 서 있는 우리의 법에 따르면 여자는 소유권을 누릴 수 없고, 법원에 갈 수도 없으며, 투표할 수도 없고, 셈을 할 수도, 존재할 수도 없습니다. 남성 시민은 있지만, 여성 시민은 없지요. 이런 폭력적인 상태는 반드시 중단돼야 합니다."

빅토르 위고, 레옹 히쉐(Léon Richer)에게 보내는 편지, 1872년 6월 8일.

"결혼에 관한 이런 생각은 모욕적이에요! 부인이 남편의 소유물이라니! 부인은 자기를 진짜 이름으로 부를 권리조차 없어요! 이마에는 남편이 새겨둔 소유권의 표시를 지니고 있어야 하고요! 동물처럼 말예요!"

알베르트 코헨(Albert Cohen), 『영주의 애인(Belle du Seigneur)』, 1968.

"나는 지금까지도 페미니즘이 무엇인지 정확하게 알아내지 못했다. 내가 유일하게 알고 있는 사실은 내가 호구들과는 다른 감정을 표현할 때마다 사람들이 나를 페미니스트라고 부른다는 것뿐이다."

레베카 웨스트(Rebecca West)

"이 무식쟁이, 글을 읽거나 쓰지도 못하고, 왼쪽인지 오른쪽인지도 구분할 줄 몰라서 군화에 표시해두라는 명령을 받았음에도, '왼발! 오른발!... 왼발! 오른발!' 구령을 무시한 채 행군하는 이 무식쟁이도 투표 자격을 얻었습니다. 이 멍청이, 심지어 자기에게 무엇이 이익인지조차 전혀 생각하지 않고서 분별없이 무자비하게 말을 때리고 채찍질하는, 불의와 고통을 마구잡이로 퍼뜨리는 이 멍청이도 투표 자격을 얻었습니다. 이 술고래, 동틀 무렵부터 땅거미가 질 때까지 술을 마시고, 술에 취해 딸꾹질하며 침을 흘리는 꼬락서니의 이 남자는, 이성을 첫 잔의 바닥에 남겨둔 채 한쪽 벽에 부딪혀 다른 쪽 벽으로 튕겨 나오고 자기 배설물

위에서 뒹굴 만큼 취한 술고래지만 투표 자격을 얻었습니다. 부인이 먹여 살려야 하는 게으름뱅이도, 딸을 등쳐먹고 사는 막돼먹은 놈도, 방탕하게 살다 넝마가 된 늙은 바보도, 반쯤 정신이 나간 멍청이도, 다 나았다고 주장하는 정신병자도 유권자입니다. 이 세상의 정신이 온전치 못한 주인들, 그들 역시 유권자입니다! 하지만 여자는 이 모든 남자보다 열등하게 여겨지며 오로지 납세자의 역할을 할 뿐입니다. 여자의 유일한 의무는 돈을 내는 것이고, 유일한 권리는 침묵하는 것입니다."

세브린(Séverine), 『벨 압베스의 진보(Le Progrès de Bel-Abbès)』 신문에 실린 레옹 아우메란(Léon Aumeran)의 글에 인용됨, 1910년 5월 25일.

"문명화된 유럽에서는 노예제도가 폐지되었다고 주장하는 이들도 있을 것이다. 이제 노예시장이 공공장소에서 열리지 않게 된 것은 사실이다. 그러나 가장 진보한 나라들에서조차 몇몇 계급에 속한 개인은 여전히 법적으로 억압받는다. 러시아의 소작농, 로마의 유대인, 영국의 선원, 그리고 모든 곳의 여자처럼 말이다. 그렇다. 결혼생활을 유지하는 데 필요한 상호 동의를 중단하는 것만으로는 이런 억압을 끝내기에 충분하지 않다. 당사자 한쪽만 의지를 표현해도 이혼을 할 수 있을 때, 여자는 자유로워질 수 있으며, 적어도 시민권이라는 측면에서 남자와 같은 높이에 설 수 있다."

플로라 트리스탕(Flora Tristan),
『버림받은 자의 긴 여행(Pérégrinations d'une paria)』, 1833-1834.

"남자는 자기기의 짝을 해치는 유일한 동물이다."

루도비코 아리오스토(Ludovico Ariosto),
『광란의 오를란도(Orlando furioso)』, 1516

"우선, 약한 성별을 강한 성별에 완전히 종속시키는 현 제도에 찬성하는 의견은 이론에만 머물고 있을 뿐이다. 다른 것은 재판해본 적이 없기 때문이다. 경험은 이론의 반대 개념으로 보기에는 너무 저속하므로 평결 대상이 될 수 없다. 둘째, 이런 불평등한 제도는 결코 깊이 생각하거나 앞날을 내다보고 도입했던 것이 아니다. 또 인류에게 혜택을 주거나 사회의 질서를 바르게 잡아주는 어떤 사회적 사상이나 관념의 결과도 아니다. 그저 인간 사회가 황혼에 접어들 무렵 모든 여성이 (남성이 근육의 힘을 여성의 열등함과 연관 지어서 여성에게 붙여둔 가치 때문에) 일부 남성에게 종속된 상태였다는 사실에서 기인했을 뿐이다. 법과 정치제도는 언제나 기존에 존재한다고 알려진 개인 간의 관계를 인정함으로써 시작된다. 그들은 단순한 물리적 사실을 법적 권리로 전환하고, 이 권리를 사회적으로 허용하며, 물리적인 힘을 이용하여 불규칙적이고 무법적으로 충돌하는 대신 공적이고 조직된 수단을 이용하여 이런 권리를 주장하고 보호하는 것을 주로 목표한다. 이런 방식으로 이미 복종하길 강요받았던 사람들은 법적으로도 종속되는 것이다."

존 스튜어트 밀(John Stuart Mill),
『여성의 종속(The Subjection of Women)』, 1869.

"분명한 점은 성적 매력과 지성을 모두 갖춘 완전한 여자는 받아들이기 어렵다는 거예요."

에리카 종(Erica Jong),
소피 라네스(Sophie Lannes)와의 대화, 1978년 7월-8월.

"여성을 위한 교육은 남성을 위한 교육과 같아야 한다… 실제로 모든 교육은 진실을 밝히고, 그 진실을 증명하도록 설계되기 때문에, 성별의 차이에 따라 진실의 범위나 그것을 증명하는 방식에 차이를 두어야 할 이유는 찾기 어렵다."

니콜라 드 콩도르세(Nicolas de Condorcet), 『공교육에 관한 다섯 편의 논문(Cinq mémoires sur l'instruction publique)』, 1791.

"우리는 여성을 위한 완전한 교육과 자유를 원한다."

잔 루아조, 『여성의 진화: 경제적 결과(L'évolution féminine: Ses résultats économiques)』, 1905.

"평등권과 남녀공학은 여학생과 남학생을 보는 시선의 차이, 학술적 진로의 성비, 교내의 성차별적 폭력을 끝내기에 충분하지 않았습니다."

뱅상 페이옹(Vincent Peillon) 및
나자 발로 벨가셈(Najat Vallaud-Belkacem), 『르 몽드』,
"남학생과 여학생의 더 나은 교내 평등을 위해(Pour plus d'égalité entre
filles et garçons à l'école)", 2012년 9월 25일.

"서서 벽에 오줌을 누는 일을 빼면, 남자가 할 수 있는 모든 일은 여자도 할 수 있다."

콜레트(Colette, 1873-1954).

"어떤 일이든 남자가 여자의 절반만큼 잘한다고 생각될 정도로 여자는 남자보다 두 배로 잘 해야 한다. 다행히 별로 어려운 일은 아니다."

샬롯 위튼(Charlotte Whitton), 1963.

"여성들만 이 완전한 침묵 속에 있는 것은 아니었다. 대량의 인간성이 잊혀 사라지고, 침묵은 이 망각이 삼킨 생명의 잃어버린 대륙을 뒤덮는다. 하지만 침묵은 여성에게 훨씬 무겁게 내려앉는데, 프랑수아즈 에리티에Françoise Héritier가 '유의성의 차이'라고 부르는, 사회의 과거를 구축했던 성적 불평등 때문이다. 이것은 부차적인 불평등을 유발한다. 여성은 추적이 어렵기 때문에 시간을 가로지르며 여성을 관찰하기란 어려운 일이다. 시기에 따라서 그 정도가 다르긴 하지만 말이다. 주로 관찰하고 묘사하는 대상인 공공장소에는 여성이 덜 나타나기 때문에 여성은 언급되는 일이 적으며, 화자가 여성의 습관적인 부재에 익숙하고, 남성명사를 보편적으로 사용하고, 세계화되는 고정관념이나 여성은 다 똑같다는 식의 사고에 젖어있는 경우 언급 횟수는 더 줄어든다. 이 때문에 담론과 그림이 풍부한 것과는 반대로 상황을 구체적으로 설명하는 정보는 부족하다. 여성에 관해서는 묘사하거나 설명하기보다는 추론하는 경우가 훨씬 많으며, 여성들의 이야기를 하려면 무엇보다도 여성을 가리고 있어서 분석이 필요한, 여자에 관한 묘사를 가로막는 장벽에 부딪히는 것을 피할 수 없다. 여성 본인은 이 장벽과 관련하여 어떤 생각이나 경험을 했는지마저도 알지 못한 채…"

미셸 페로(Michelle Perrot), 『여성 혹은 침묵의 역사 (Les femmes ou les silences de l'histoire)』, 1998.

"여자들이 아직 모르는 점은 아무도 권력을 주지 않는다는 것이다. 권력은 쟁취하는 것이다."

로잔느 바(Roseanne Barr)

"여성은 일을 통해 남성과 여성을 가르는 차이를 크게 줄일 수 있었다. 혼자 일함으로써 여성은 실제로 자유를 보장받을 수 있다."

시몬 드 보부아르, 『제2의 성』, 1949.

"뭐라고요! 여자의 열정과 욕구는 남자의 것과 다르다고요? 여자들은 똑같은 물리학 법칙의 대상이 아닌가요? 그건 그렇고 아마 여자들은 자기 본능을 억제하고 다스릴 만큼 똑똑하지 않을 거라고요? 남자에게 부과하는 것만큼 어려운 의무를 여자에게도 부과하고, 남자에게 적용하는 것만큼 엄격한 윤리와 사회법을 여자에게도 적용하면, 여자는 남자처럼 완전하고 자유로운 의지와 교육받기에 적합하고 명료한 이성을 보여줄 수 없을 거라고요? 그렇다면 하느님과 남자들은 비난을 받아 마땅해요.

진실 되고 완전하게 존재하는 것이 불가능한 인종을 이 땅에 두고 방치하는 범죄를 저질렀기 때문이에요. 만약에 여자가 남자보다 열등하다면, 우리 모든 관계를 잘라내 버리고, 여자에게 진실한 사랑이나 적절한 모성을 요구하지 말기로 합시다. 삶과 재산의 보호와 관련된 법까지도 여자를 위해 폐지해 버리기로 해요. 그리고 지체 없이 남자와의 전쟁을 시작합시다. 여자들이 법의 제정자만큼 그 법의 목적과 정신을 완전하게 파악하지 못하는 것 같다면 그것은 법이 엉터리인 거예요. 그런 법이 있다면 동물에게도 사람의 법을 적용하지 않을 이유가 없잖아요."

조르주 상드(George Sand), 『르 몽드』, "마르시에(Marcie)에게 보내는 6번째 편지(Sixth Letter to Marcie)", 1837년 3월 27일.

"남자는 지구에서 왔고 여자도 지구에서 왔다. 받아들여라."

조지 칼린(George Carlin)

"어떤 여자도 어머니를 증오했던 남자와 결혼해서는 안 된다는 것을 저는 충분히 알고 있습니다."

마르타 겔혼(Martha Gellhorn), 서한집.

"마치 여자는 모두 정숙한 숙녀이고 이성적인 피조물이 아니라는 것처럼 말하는 소리는 듣기 싫어요. 우리 모두 고요한 물속에서 평생을 보내고 싶지는 않다고요."

제인 오스틴(Jane Austen), 『설득(Persuasion)』

"현재 우리나라*에는 여성의 이상주의와 투지가 필요하다. 그 어느 분야보다도 정치에 필요한 것 같다."

셜리 치좀(Shirley Chisholm)

- 미국을 의미한다. 셜리 치좀은 미국 민주당 대선 경선에 출마한 최초의 여성이다.

"우리도 목격했다시피 금고형이 지배적인 형태의 징벌로 부상하기 시작한 18세기 말부터, 유죄를 선고받은 여자들은 그에 상응하는 남자들과는 다른 시선을 받았습니다. 국가에서 징벌할만하다고 여기는 종류의 범죄를 저지른 남자에게 사회 부적응자라는 딱지가 붙는 것은 사실입니다. 그런데 남자의 범행은 언제나 여자의 범행보다 더 '정상'으로 여겨졌습니다. 잘못을 저질러 국가의 처벌을 받은 여성은 같은 잘못을 저지른 수많은 남성보다 더 심각하게 도리를 벗어났고 훨씬 사회에 위협적이라고 여기는 경향이 늘 존재했습니다.

재소자들에 대한 이런 성차별적 인식을 이해하고 싶다면, 감옥이 등장해서 국가의 주요 형벌로 진화했을 때도, 여자들에게는 계속해서 일반적으로 인정하는 형태가 아닌 형벌을 부과하는 관례가 있었다는 점을 잊지 말아야 합니다. 예를 들어 여자들은 감옥보다는 정신병동에 감금되는 비율이 훨씬 높지요."

안젤라 데이비스(Angela Davis),
『감옥은 구식인가?(Are Prisons Obsolete?)』, 2014.

"남자 없는 여자는 자전거 없는 물고기와 같다."

이리나 던(Irina Dunn)

※ 물고기는 다리가 없어서 자전거가 필요 없는데, 이와 마찬가지로 여자도 남자가 필요 없다는 의미.

"저는 끈질기고, 야망이 넘치고, 제가 원하는 바를 정확히 알고 있어요. 그것 때문에 제가 나쁜 여자가 된다 해도, 신경 쓰지 않아요."

마돈나(Madonna)

"페미니스트인 인류학자는…동물의 왕국에서 벌어지는 강간에 관해 그녀가 연구했던 결과를 이야기했다. 그녀가 말하길, 거의 모든 종에서 강간이라고 볼 수 있는 일이 일어났지만, 침팬지와 유사한 영장류인 보노보는 예외였다. 어느 시점엔가 암컷 보노보들은 이제 성폭력을 참지 않겠다고 결심했다. 그래서 수컷이 암컷 중 하나를 공격하면, 그 암컷은 소리를 내서 주변의 이목을 끌었다. 그러면 다른 암컷 보노보들은 하던 일을 멈추고 소리가 나는 쪽으로 달려가서는 함께 힘을 합쳐서 공격적인 수컷의 팔다리를 찢어버리는 것이다…왜 인간 여성은 그 암컷 보노보처럼 행동하지 않는 것일까?"

J. 코트니 설리반(J. Courtney Sullivan),
『졸업식(Commencement)』, 2013.

"왜 사람들은 '불알 좀 키워'라고 말할까? 불알은 약하고 민감한데 말이다. 강해지고 싶다면 질$_{vagina}$을 키워라. 세게 쳐도 버틸 수 있는 그런 것을 말이다."

성 왕(Sheng Wang)

"나는 여자의 강함을 두려워하는 남자를 혐오한다."

아나이스 닌(Anaïs Nin), 『헨리와 준(Henry and June: From "A Journal of Love" -The Unexpurgated Diary of Anais Nin)』

"중요한 우편이 무능한 여자에게 배달되는 날 여자는 진정으로 남자와 동등해질 것이다."

프랑수아즈 지루(Françoise Giroud, 1916-2003).

여성의 권리 선언
페미니즘을 위한 역사적 명언들

1판 1쇄 2019년 1월 18일
지 은 이 올랭프 드 구주
옮 긴 이 소슬기
발 행 인 현호영
발 행 처 동글디자인
편 집 프로제
주 소 부산광역시 수영구 광남로 160-1, 2층
팩 스 070-8224-4322
이 메 일 dongledesign@gmail.com

ISBN 979-11-963947-2-1 (02330)

Copyright 2018 by Proje

출판사의 허락 없이 무단 복제와 전재를 금합니다.
잘못된 도서는 구입하신 곳에서 교환하여 드립니다.